Deutsch-Stars Lesetraining: Mit Spaß lesen lernen

Liebe Kinder,

mit diesem Lesetraining könnt ihr selbstständig das Lesen üben:

- im Unterricht, wenn ihr mit euren Aufgaben fertig seid.
- zu Hause, wenn ihr noch mehr üben wollt.

In diesem Heft findet ihr interessante, spannende und lustige Texte. Hier ist bestimmt für jeden etwas dabei!

Und so wird geübt:

- Bearbeite eine Seite.
- Vergleiche deine Arbeit mit dem Lösungsheft und verbessere Fehler.
- Immer, wenn du 2 Seiten geschafft hast, darfst du einen Stern hinten in das Heft kleben.
- Auf manchen Seiten findest du Sternchen-Aufgaben. Diese sind besonders schwierig. Hast du sie richtig gelöst, darfst du dir auf diesen Seiten einen zusätzlichen Stern kleben.
- Wenn du alle Seiten bearbeitet und mit den Sternen das Bild geschmückt hast, bist du ein **Lese-Star**!

Zum Schluss möchte sich noch Herr Grün vorstellen. Er begleitet euch in diesem Heft und gibt euch an vielen Stellen Tipps.

Viel Spaß beim Lesenüben!

Inhaltsverzeichnis

Texte

Vergleiche und kreuze das passende Kästchen an.

P R S	R P S	R S P	P R S	P F S
5 3 8	5 3 6	5 8 3	5 3 8	8 3 5
Auto	otuA	Atuo	Aotu	Auto

Kennst du die Buchstaben?

Vorsicht! Nur in 6 Blüten stehen die Buchstaben richtig herum. Male sie an. Richtig geordnet ergeben sie ein Wort.

Lösungswort: ______ ______ ______ ______ ______ ______

Verbinde die Großbuchstaben mit den richtigen Kleinbuchstaben.

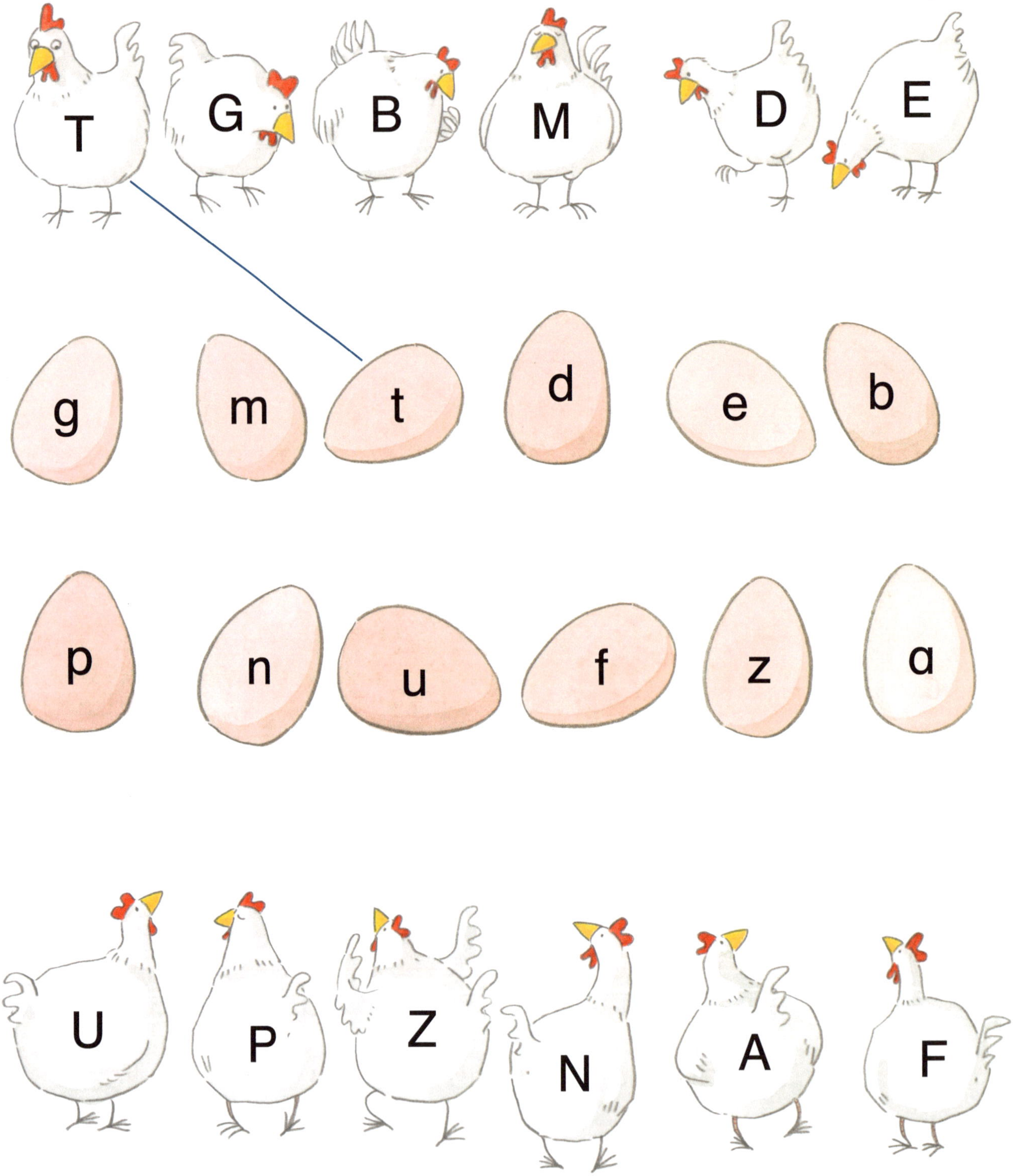

Kreise die gleichen Buchstaben wie am Anfang ein.

B	B	K	D	B	L	H	B	J	B	K	P	O	B	P	B	L	O	F	Ü
D	A	D	D	B	C	O	P	D	Z	D	R	D	R	G	Q	D	T	H
P	B	S	A	C	B	P	B	D	F	L	B	F	P	P	G	O	P	K	L
G	O	Q	G	H	G	A	C	G	B	G	Q	G	O	Ö	Ä	G	S	G

b	B	d	b	p	g	b	p	b	B	l	b	d	p	d	b	b	s	t	o	p	b	i
d	D	b	p	d	b	p	d	d	c	p	j	g	d	D	B	p	b	d	g	o	d
p	P	p	b	p	c	d	D	P	p	p	b	ö	a	P	p	d	b	p	l	D	p
g	H	9	g	o	G	c	g	d	b	l	G	9	ö	d	g	g	j	o	G	g	g

ei	el	ei	ie	li	ei	ie	le	ei	el	ei	ie	ie	el	ei	i
ie	li	ie	li	ei	le	ie	ei	ie	le	ie	ei	ai	wi	i	ie
eu	en	eu	ei	eu	eu	ei	ie	ue	eu	äu	au	eu	i
au	au	au	eu	ua	hau	au	uu	au	au	aua	a	u

Silbenrätsel (1)

Wie heißen die Tiere?
Bringe die Silben in die richtige Reihenfolge und schreibe die Tiere auf.

Silbenrätsel (2)

Welche Silbe fehlt im Wort?
Trage sie ein.

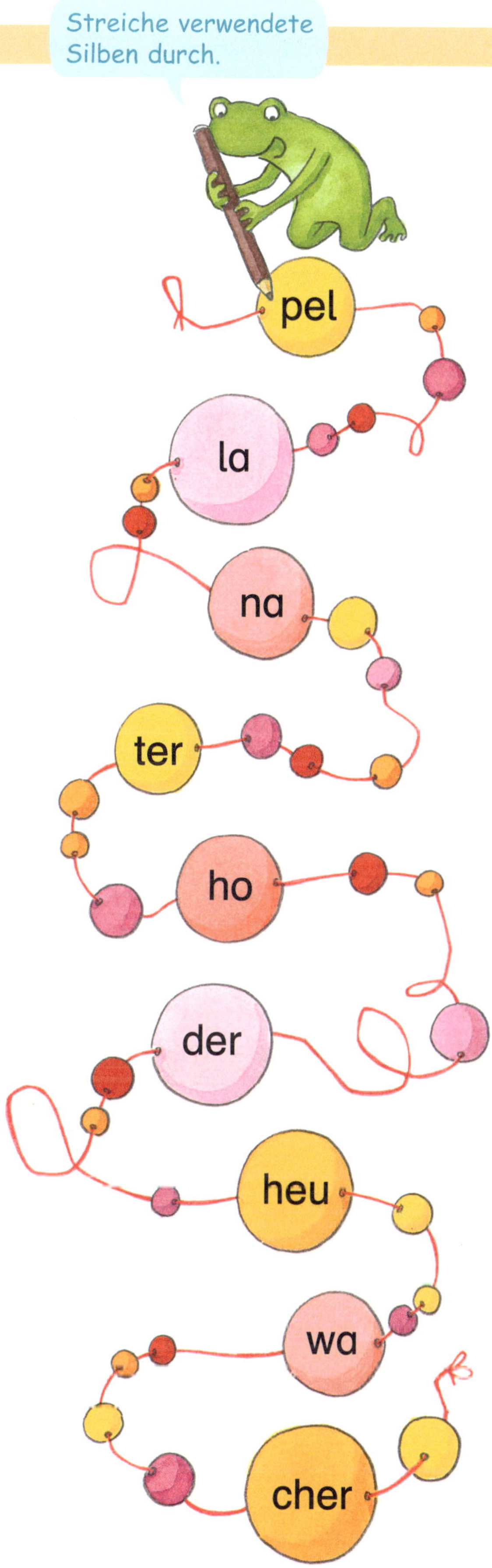

La - ________ - ne

Li - mo - ________ - de

Ham - ________ - mann

Un - ter - ________ - se

Scho - ko - ________ - de

Klei - ________ - ha - ken

Bü - ________ - wurm

See - un - ge - ________ - er

Last - ________ - gen

Was siehst du?
Setze aus den passenden Silben zusammen.
Eine Silbe ist zu viel. Streiche sie durch.
Schreibe das Wort auf.

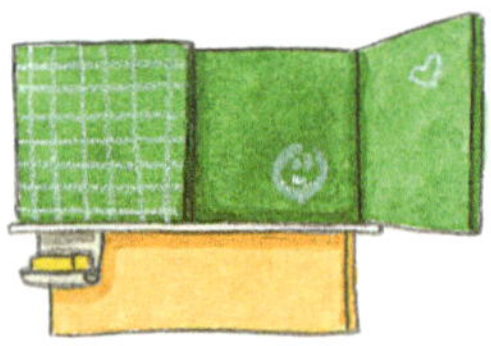

Ta ler fel

Blu me se

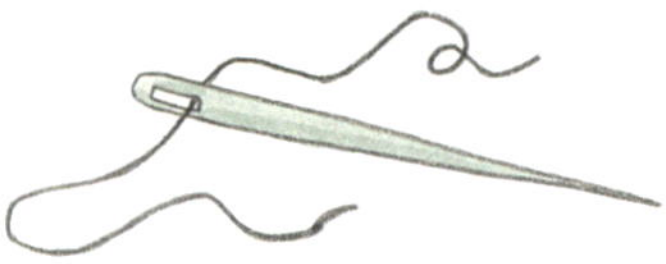

del Na bel

nung ner Ord

Kis sen te

den sche Fla

Welcher Anfangsbuchstabe passt nicht?
Streiche ihn durch.

R
H — ose
N

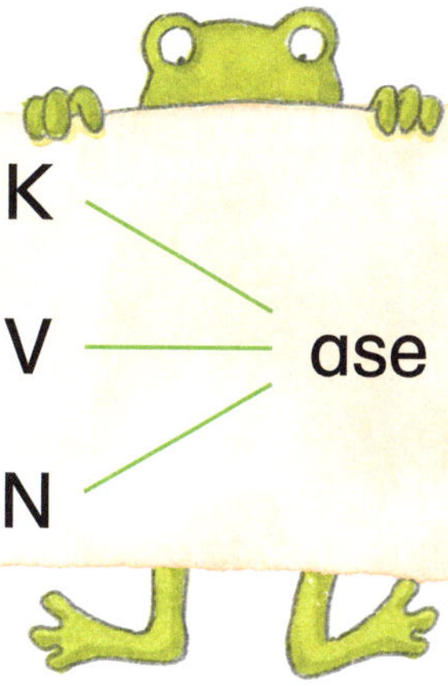

K
V — ase
N

W
Z — elt
M

K
M — aus
H

W
K — and
H

S
T — onne
M

B
D — ank
K

kr
h — egen
pfl

Welcher Buchstabe fehlt? Trage ein.
Lies die Lösungsbuchstaben von oben nach unten.
Male das Wort in den Bilderrahmen.

RA ___ E	B	L	N
MAM ___	P	U	A
T ___ RM	I	U	K
O ___ A	M	F	T

SOF ___	U	A	E
BL ___ ME	L	G	U
LEI ___ ER	T	G	W
T ___ R	J	O	V

LA ___ PE	N	L	M
W ___ LD	E	A	J
W ___ RM	F	S	U
WIE ___ E	S	L	Y

Fische fischen

1 **Wo findest du das Wort „Fisch“? Kreise es ein.**

2 **Wie oft hast du das Wort „Fisch“ gefunden?** ______ -mal

Unterstreiche nur die Wörter, die du oben auf einem Bild siehst.

1. Sonne
2. Bild
3. Kamel
4. Rose
5. Känguru
6. Indianer
7. Lokomotive
8. Lupe
9. Waschlappen
10. Ritter
11. Apfel
12. Hund
13. Laterne
14. Spiegel

In jeder Zeile sind zwei Wörter versteckt.
Findest du sie? Kreise sie ein.

SNUarfggRaRaupeKMnethhhPferdkkelekkaklgkllkkkfff

MmmoMmftökMonatKKÖäÖUkmmTelefonLmmaammac

RrrarhrrJJHausRagbRRhRRegenHkkLalGhlööööäglgaaH

ZzajkllÖaaVaterhhjkslmmadgemmmKlassekkmrrgeekad

GhghaghaghehgSCHghScherejrjkejrjrjTischjübbgrejrjjpä

MinutejkjmmkljdffgfvbjkjfkkkakKatzelmkllllvgfvdvnnaaopn

EePizzaeekpeehkeeomsePommesklgdsjfaopgafsdajgfdh

ErnmkökanexnnSalznznnntrnlernenpppfrnernnzpeönnkr

Brhsjkaflsafzgrjfdbgjlaufendjfjkhaspringengjfbfkjgfbxjfffjff

hjkldretanzeneeklapgfrmehjlachenklzterkdlskrbsmjlöassnd

Was passt zu welchem Bild? Verbinde.

zwei Kerzen

zwei Katzen

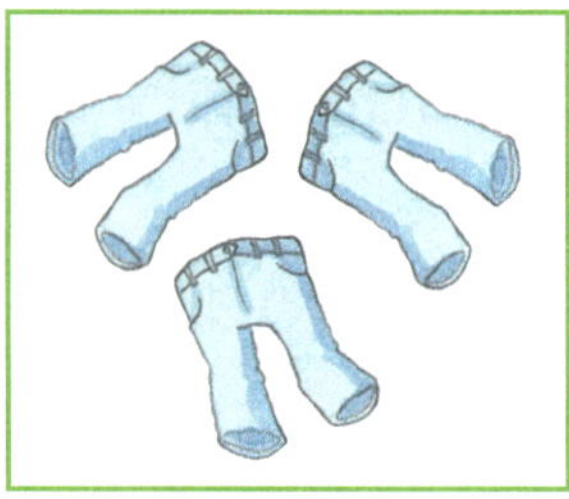

drei Hasen

drei Hosen

eine Maus

ein Haus

eine Puppe

eine Suppe

zwei Knöpfe

zwei Köpfe

Male passende Bilder.

zwei Pakete

ein Igel im Gras

ein Mann mit Hut

ein Mond und drei Sterne

ein Baum mit vier Äpfeln

ein Nest mit fünf Eiern

Reim oder nicht?

In jedem Haus steht ein Wort, das sich nicht auf die anderen Wörter reimt. Streiche es durch.

Verbinde die Reimwörter miteinander.

Hase	Wind
Kind	Nase
Ziege	Tuch
Buch	Wiege
Haus	Traum
Mutter	Riese
Baum	Maus
Wiese	Butter
Nest	Fest
Tasche	Topf
Kopf	Tonne
Sonne	Flasche

Kleidersuche

① **In welchen Feldern stehen Kleidungsstücke?**
Male die Felder aus.

Uhr	Bein	Obst	Junge	Ofen
Tür	Rock	Jacke	Mantel	Bild
Banane	Hose	Kerze	Bett	Gras
Blatt	Kleid	Kette	Baum	Baum
Ordner	Hemd	Birne	Ring	Ball
Fluss	Bluse	Buch	Füller	Schrank
Decke	Pullover	Tuch	Kappe	Arm
Teller	Socken	Apfel	Sack	Katze
Boden	Mütze	Stift	Auto	Tisch
Tasche	Schal	Pferd	Hund	Telefon
Radio	Strümpfe	Fuß	Rad	Kind
Regal	Anorak	Maus	Tasse	Pizza
Flasche	Henne	Leute	Herr	Kissen

② **Welcher Buchstabe entsteht beim Ausmalen?** ______

Wie sind die Dinge? Verbinde.

Stein	weich
Watte	hart
Gras	nass
Schlange	grün
Wasser	lang

Schnecke	hoch
Zitrone	langsam
Turm	sauer
Licht	süß
Zucker	rund
Ball	hell

1 Hier verstecken sich Tiere.
Kreise die Tiere in den Wörtern ein
und verbinde richtig.

HUNDEHÜTTE

LESERATTE

OSTERHASE

BÄRENHUNGER

VOGELFEDER

BIENENHONIG

FISCHFUTTER

2 Kreise die Tiere in den Wörtern ein.

KLAUS WALD SAUNA GRABEN

DREHUNG GEHEULE KAFFEETASSE

DIESEL STAUBSAUGER EIGELB

In jeder Reihe findest du ein Wort, das es nicht gibt. Streiche es durch.

- Sofa sofort fossal Rose losen rosa
- Lamm Lampe lila limati Limo Land
- Name Mann malen Laterne malalet Oma
- lernen gerne lesen leben lillen liegen
- Mama Lama malt kalt samala Samt
- Papa Papagei Opa Papier Stapel Padigap
- Sand singen Samanga Sonne salzig
- Dame Rad Radiergummi Darbing raten

Hier fehlt immer etwas. Lies. Zeichne in das Bild.

Hund mit blauem Halsband

Vogel mit lila Mütze auf dem Kopf

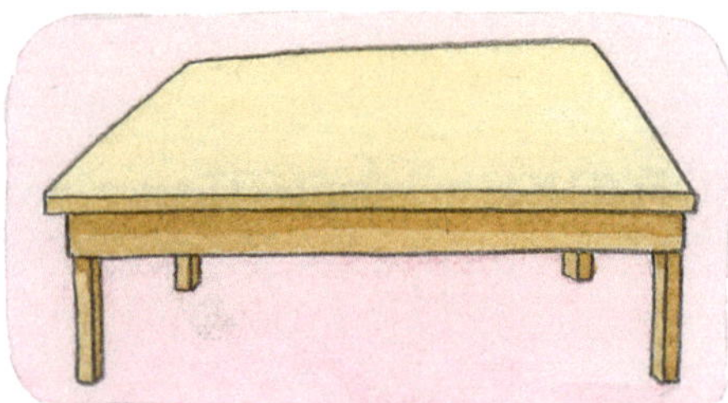

zwei Teller auf dem Tisch

ein gelber Ball unter dem Stuhl

Vase mit zwei roten Rosen

① **Verbinde Gegensätze.**

dick	dünn
leer	traurig
lustig	voll
kalt	süß
sauer	warm
arm	reich
dumm	schmutzig
sauber	klug

Die Buchstaben helfen dir.

② **Findest du den Gegensatz?**
Schreibe ihn hinter das Wort.

hell ______________________

krumm ______________________

links ______________________

In jeder Reihe gehört ein Wort nicht dazu.
Finde es heraus und streiche es durch.

a) Apfel Birne Banane Flasche Kirsche

b) Mama Papa Oma Lama Opa

c) Klavier Geige Buch Flöte Gitarre

d) Saft Cola Tee Limo Roller

e) Mantel Eis Hut Kleid Schal

f) Schnecke Känguru Tiger Hase Stift

g) Auto Schiff Sand Fahrrad Bus

h) Schokolade Gummibärchen Bonbon Wurst

i) Moritz Klaus Tim Lisa Bernhard

Kreuze die richtigen Antworten an.

Welche Tiere sind groß?

☐ Giraffe	☐ Elefant	☐ Goldfisch	☒ Krokodil
☐ Wal	☐ Igel	☐ Fliege	☐ Ameise

Was kann man essen?

☐ Schokolade	☐ Nuss	☐ Badeanzug	☐ Spitzer
☐ Teller	☐ Stein	☐ Nudeln	☐ Suppe

Was kann aus Wolle sein?

☐ Stuhl	☐ Schal	☐ Mütze	☐ Pullover
☐ Ei	☐ Socken	☐ Handschuhe	☐ Schulheft

Was ist weich?

☐ Watte	☐ Nagel	☐ Kissen	☐ Bürste
☐ Feder	☐ Messer	☐ Bettdecke	☐ Schwamm

Welche Tiere sind Haustiere?

☐ Löwe	☐ Hund	☐ Katze	☐ Walross
☐ Hamster	☐ Esel	☐ Kaninchen	☐ Elefant

Sp oder St?

① Sprich das Wort deutlich. Setze Sp oder St ein.

___itze

___ort

___rauß

___all

___eck

___inne

___aß

___unde

___ängel

___ukschloss

___ein

___atz

② Löse die Rätsel. Es ist immer ein Wort von Aufgabe 1.

a) Man bindet ihn aus Blumen:

b) Ein anderes Wort für Freude:

c) Geister wohnen darin:

d) Ein kleines Tier mit acht Beinen:

e) Darin stehen Kühe oder Pferde:

f) Ein kleiner Vogel:

① **Hier haben sich fünf Wörter versteckt. Male jedes Wort farbig an.**

B	S	C	H	U	L	E	K
L	O	N	G	R	A	S	I
Z	A	S	E	I	F	E	S
A	B	U	C	H	V	T	U
Q	S	P	A	P	I	E	R

② **Setze die Wörter von Aufgabe 1 richtig in das Kreuzworträtsel ein.**

1 Damit wasche ich mich.
2 Darin lese ich gerne.
3 Darauf schreibe ich.
4 Da lernen die Kinder.
5 Das wächst auf der Wiese.

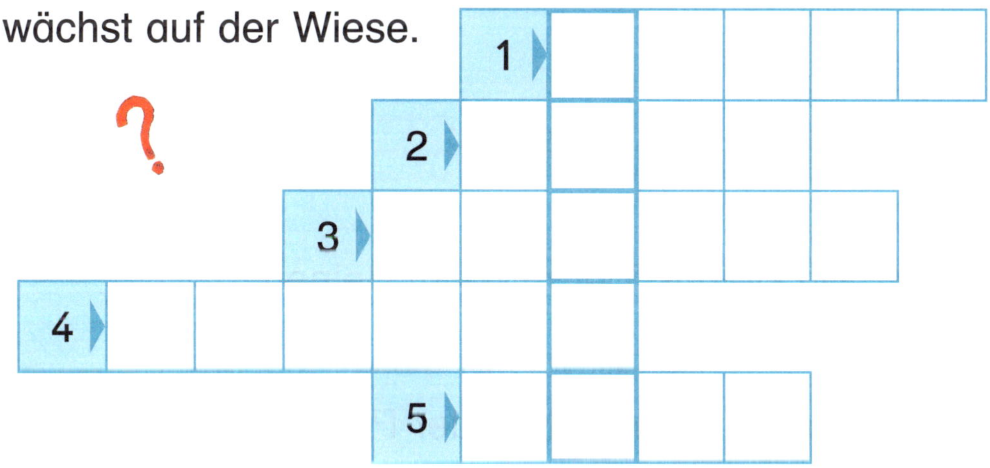

Das hast du ____ ____ ____ ____ ____ gelöst!
1 2 3 4 5

Welche Sätze beschreiben welchen Gegenstand?
Verbinde jeden Gegenstand mit den passenden Sätzen.

Wir schlafen darin.

Die Kleider sind in ihm.

Wir sitzen darauf.

Er hat Türen.

Der Kochtopf steht darauf.

Er hat eine Lehne.

Es ist weich.

Er kann heiß werden.

Schrank

Bett

Stuhl

Herd

Trage die Nummern in die Kästchen richtig ein.

1 Die  badet im Bach.

2 Die  fängt die Maus.

3 Die  frisst den Käse.

4 Der  krabbelt im Gras.

5 Die  gibt Milch.

6 Der  pfeift ein Lied.

7 Der  nagt am Brot.

8 Das  legt ein Ei.

9 Das  steht im Stall.

	Maus
	Huhn
	Pferd
	Hase
	Katze
	Vogel
	Kuh
	Ente
	Käfer

Welcher Satz passt zum Bild? Kreuze an.

☐ Ein Kind liest im Heft.

☐ Ein Kind schreibt im Heft.

☐ Tom trinkt ein Glas Milch.

☐ Tom gießt Milch in ein Glas.

☐ Ein Mann sitzt auf einer Bank.

☐ Ein Mann steht auf einer Bank.

☐ Zwei Hasen liegen im Korb.

☐ Zwei Hunde liegen im Korb.

☐ Die Frau trägt einen Hut.

☐ Der Mann trägt einen Hut.

☐ Ein Auto parkt vor dem Haus.

☐ Ein Auto parkt unter dem Baum.

Lösungen Deutsch-Stars Lesetraining 1

(zum Heraustrennen die mittlere Klammer lösen)

Was ist gleich?

Vergleiche und kreuze das passende Kästchen an.

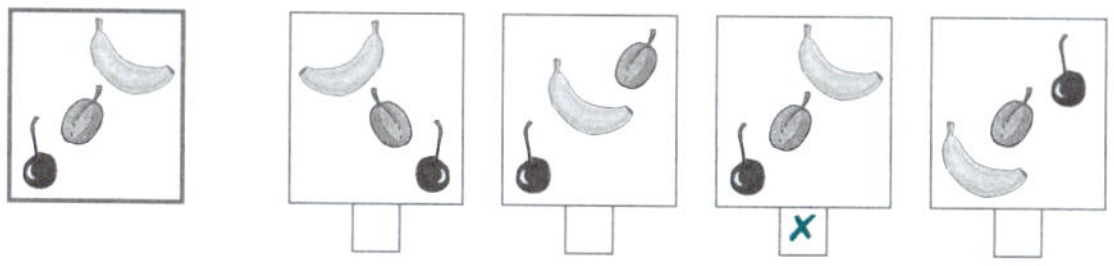

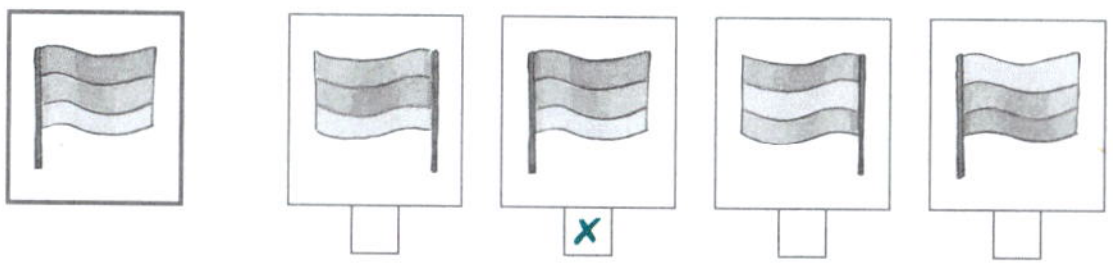

Vorlage				
P R S	R P S	R S P	P R S ✗	P F S
5 3 8	5 3 6	5 8 3	5 3 8 ✗	8 3 5
Auto	otuA	Atuo	Aotu	Auto ✗

Kennst du die Buchstaben?

Vorsicht! Nur in 6 Blüten stehen die Buchstaben richtig herum. Male sie an. Richtig geordnet ergeben sie ein Wort.

Lösungswort: B L U M E N

Buchstabensalat

Verbinde die Großbuchstaben mit den richtigen Kleinbuchstaben.

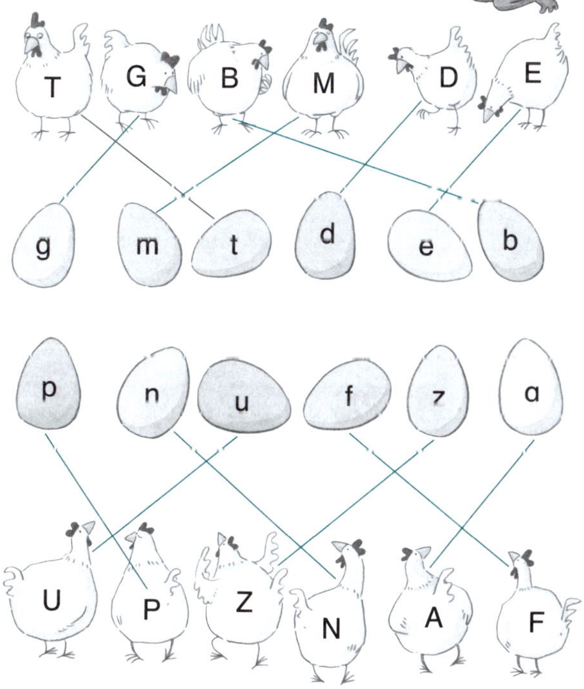

Adlerauge

Kreise die gleichen Buchstaben wie am Anfang ein.

B	(B) K D (B) L H (B) J (B) K P O (B) P (B) L O F Ü
D	A (D) (D) B C O P (D) Z (D) R (D) R G Q (D) T H
P	B S A C B (P) B D F L B F (P) (P) G O (P) K L
G	O Q (G) H (G) A C (G) B (G) Q (G) O Ö Ä (G) S (G)

b	B d (b) p g (b) p (b) B l (b) d p d (b) (b) s t o p (b) i
d	D b p (d) b p (d) (d) c p j g (d) D B p b (d) g o (d)
p	P (p) b (p) c d D P (p) (p) b ö a P (p) d b (p) l D (p)
g	H 9 (g) o G c (g) d b l G 9 ö d (g) (g) j o G (g) (g)

ei	el (ei) ie li (ei) ie le (ei) el (ei) ie ie el (ei) i
ie	li (ie) li ei le (ie) ei (ie) le (ie) ei ai wi i (ie)
eu	en (eu) ei (eu) (eu) ei ie ue (eu) äu au (eu) i
au	(au) (au) eu ua hau (au) uu (au) (au) aua a u

Wie heißen die Tiere?
Bringe die Silben in die richtige Reihenfolge und schreibe die Tiere auf.

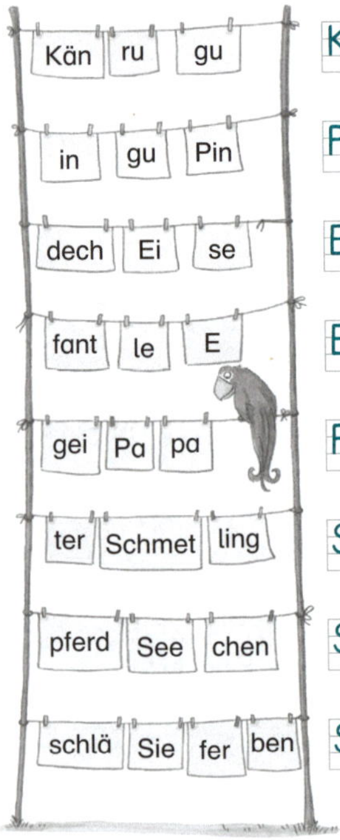

Känguru

Pinguin

Eidechse

Elefant

Papagei

Schmetterling

Seepferdchen

Siebenschläfer

Welche Silbe fehlt im Wort?
Trage sie ein.

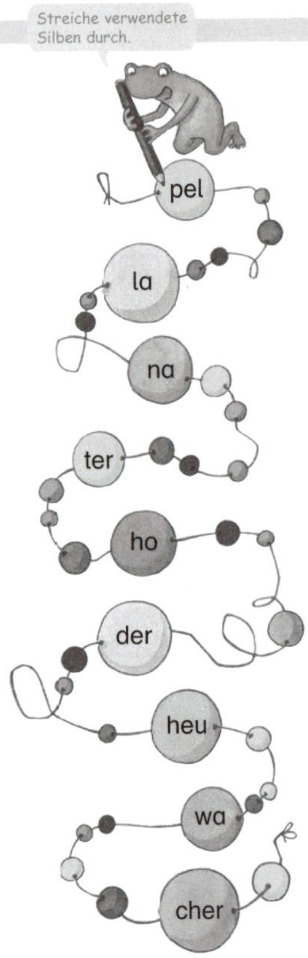

La- ter -ne

Li-mo- na -de

Ham- pel -mann

Un-ter- ho -se

Scho-ko- la -de

Klei- der -ha-ken

Bü- cher -wurm

See-un-ge- heu -er

Last- wa -gen

Was siehst du?
Setze aus den passenden Silben zusammen.
Eine Silbe ist zu viel. Streiche sie durch.
Schreibe das Wort auf.

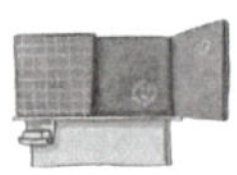
Tafel — Ta ~~ler~~ fel

Blume — Blu me ~~se~~

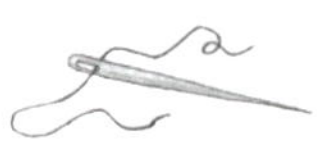
Nadel — del Na ~~bel~~

Ordner — ~~nung~~ ner Ord

Kiste — Kis ~~sen~~ te

Flasche — ~~den~~ sche Fla

Welcher Anfangsbuchstabe passt nicht?
Streiche ihn durch.

R / H / ~~N~~ — ose

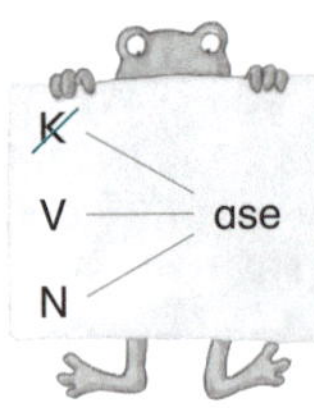
~~K~~ / V / N — ase

W / Z / ~~M~~ — elt

~~K~~ / M / H — aus

W / ~~K~~ / H — and

S / T / ~~M~~ — onne

B / D / ~~K~~ — ank

~~kr~~ / h / pfl — egen

Welcher Buchstabe fehlt? Trage ein.
Lies die Lösungsbuchstaben von oben nach unten.
Male das Wort in den Bilderrahmen.

RA B E	B L N
MAM A	P U A
T U RM	I U K
O M A	M F T

SOF A	U A E
BL U ME	L G U
LEI T ER	T G W
T O R	J O V

LA M PE	N L M
W A LD	E A J
W U RM	F S U
WIE S E	S L Y

1 **Wo findest du das Wort „Fisch"? Kreise es ein.**

2 **Wie oft hast du das Wort „Fisch" gefunden?** 9 -mal

Unterstreiche nur die Wörter,
die du oben auf einem Bild siehst.

1. Sonne
2. Bild
3. Kamel
4. Rose
5. Känguru
6. Indianer
7. Lokomotive
8. Lupe
9. Waschlappen
10. Ritter
11. Apfel
12. Hund
13. Laterne
14. Spiegel

In jeder Zeile sind zwei Wörter versteckt.
Findest du sie? Kreise sie ein.

SNUarfggRaRaupeKMnethhhPferdkkelekkaklgkllkkkfff

MmmoMmftökMonatKKÖäÖUkmmTelefonLmmaammac

RrrarhrrJJHausRagbRRhRRegenHkkLalGhlööööäglgaaH

ZzajkllOadVaterlllljkslllmadgemmmKlassekkmrrgeekud

GhghaghaghehgSCHghSchererjrjkejrjrjTischjübbgrejrjjpä

MinutejkjmmkljdffgfvbjkjfkkkakKatzelmkllllvgfvdvnnaaopn

FePizzadeekpeehkeeomooPommesklgdsjfaopgafsdujylfdh

ErnmkökanexnnSalznznnntrnlernenpppfrnernnzpeönnkr

Brhsjkaflsafzgrjfdbgjlaufendjfjkhaspringengjfbfkjgfbxjfffjff

hjkldretanzeneeklapgfrmehjlachenklzterkdlskrbsmjlöassnd

Lies genau!

Was passt zu welchem Bild? Verbinde.

zwei Kerzen
zwei Katzen

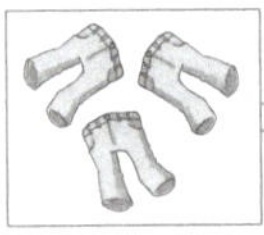
drei Hasen
drei Hosen

eine Maus
ein Haus

eine Puppe
eine Suppe

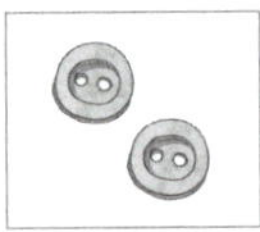
zwei Knöpfe
zwei Köpfe

Lesen und malen

Male passende Bilder.

zwei Pakete

ein Igel im Gras

ein Mann mit Hut

ein Mond und drei Sterne

ein Baum mit vier Äpfeln

ein Nest mit fünf Eiern

Reim oder nicht?

In jedem Haus steht ein Wort, das sich nicht auf die anderen Wörter reimt. Streiche es durch.

Reimwörter

See reimt sich auf Tee.

Verbinde die Reimwörter miteinander.

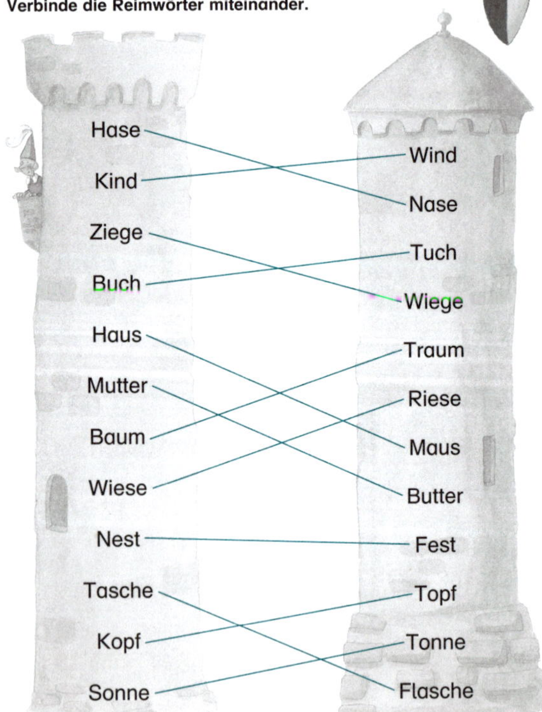

① **In welchen Feldern stehen Kleidungsstücke? Male die Felder aus.**

Uhr	Bein	Obst	Junge	Ofen
Tür	Rock	Jacke	Mantel	Bild
Banane	Hose	Kerze	Bett	Gras
Blatt	Kleid	Kette	Baum	Baum
Ordner	Hemd	Birne	Ring	Ball
Fluss	Bluse	Buch	Füller	Schrank
Decke	Pullover	Tuch	Kappe	Arm
Teller	Socken	Apfel	Sack	Katze
Boden	Mütze	Stift	Auto	Tisch
Tasche	Schal	Pferd	Hund	Telefon
Radio	Strümpfe	Fuß	Rad	Kind
Regal	Anorak	Maus	Tasse	Pizza
Flasche	Henne	Leute	Herr	Kissen

② **Welcher Buchstabe entsteht beim Ausmalen?** F

Wie sind die Dinge? Verbinde.

- Stein – hart
- Watte – weich
- Gras – grün
- Schlange – lang
- Wasser – nass

- Schnecke – langsam
- Zitrone – sauer
- Turm – hoch
- Licht – hell
- Zucker – süß
- Ball – rund

① **Hier verstecken sich Tiere. Kreise die Tiere in den Wörtern ein und verbinde richtig.**

HUNDEHÜTTE

LESERATTE

OSTERHASE

BÄRENHUNGER

VOGELFEDER

BIENENHONIG

FISCHFUTTER

② **Kreise die Tiere in den Wörtern ein.**

KLAUS WALD SAUNA GRABEN

DREHUNG GEHEULE KAFFEETASSE

DIESEL STAUBSAUGER EIGELB

In jeder Reihe findest du ein Wort, das es nicht gibt. Streiche es durch.

- Sofa sofort ~~fossal~~ Rose losen rosa
- Lamm Lampe lila ~~limati~~ Limo Land
- Name Mann malen Laterne ~~malalet~~ Oma
- lernen gerne lesen leben ~~lillen~~ liegen
- Mama Lama malt kalt ~~samala~~ Samt
- Papa Papagei Opa Papier Stapel ~~Padigap~~
- Sand singen ~~Samanga~~ Sonne salzig
- Dame Rad Radiergummi ~~Darbing~~ raten

Hier fehlt immer etwas. Lies. Zeichne in das Bild.

Hund mit blauem Halsband

Vogel mit lila Mütze auf dem Kopf

zwei Teller auf dem Tisch

ein gelber Ball unter dem Stuhl

Vase mit zwei roten Rosen

1 Verbinde Gegensätze.

dick	dünn
leer	traurig
lustig	voll
kalt	süß
sauer	warm
arm	reich
dumm	schmutzig
sauber	klug

(Verbunden: dick – dünn, leer – voll, lustig – traurig, kalt – warm, sauer – süß, arm – reich, dumm – klug, sauber – schmutzig)

Die Buchstaben helfen dir.

2 Findest du den Gegensatz? Schreibe ihn hinter das Wort.

hell dunkel

krumm gerade

links rechts

In jeder Reihe gehört ein Wort nicht dazu. Finde es heraus und streiche es durch.

a) Apfel Birne Banane ~~Flasche~~ Kirsche

b) Mama Papa Oma ~~Lama~~ Opa

c) Klavier Geige ~~Buch~~ Flöte Gitarre

d) Saft Cola Tee Limo ~~Roller~~

e) Mantel ~~Eis~~ Hut Kleid Schal

f) Schnecke Känguru Tiger Hase ~~Stift~~

g) Auto Schiff ~~Sand~~ Fahrrad Bus

h) Schokolade Gummibärchen Bonbon ~~Wurst~~

i) Moritz Klaus Tim ~~Lisa~~ Bernhard

Kreuze die richtigen Antworten an.

Welche Tiere sind groß?

- [x] Giraffe
- [x] Elefant
- [ ] Goldfisch
- [x] Krokodil
- [x] Wal
- [ ] Igel
- [ ] Fliege
- [ ] Ameise

Was kann man essen?

- [x] Schokolade
- [x] Nuss
- [ ] Badeanzug
- [ ] Spitzer
- [ ] Teller
- [ ] Stein
- [x] Nudeln
- [x] Suppe

Was kann aus Wolle sein?

- [ ] Stuhl
- [x] Schal
- [x] Mütze
- [x] Pullover
- [ ] Ei
- [x] Socken
- [x] Handschuhe
- [ ] Schulheft

Was ist weich?

- [x] Watte
- [ ] Nagel
- [x] Kissen
- [ ] Bürste
- [x] Feder
- [ ] Messer
- [x] Bettdecke
- [x] Schwamm

Welche Tiere sind Haustiere?

- [ ] Löwe
- [x] Hund
- [x] Katze
- [ ] Walross
- [x] Hamster
- [ ] Esel
- [x] Kaninchen
- [ ] Elefant

① **Sprich das Wort deutlich. Setze Sp oder St ein.**

Sp itze · St rauß · Sp ort · St all · Sp inne · Sp eck · St ängel · Sp aß · St unde · Sp ukschloss · St ein · Sp atz

② **Löse die Rätsel. Es ist immer ein Wort von Aufgabe 1.**

a) Man bindet ihn aus Blumen: Strauß

b) Ein anderes Wort für Freude: Spaß

c) Geister wohnen darin: Spukschloss

d) Ein kleines Tier mit acht Beinen: Spinne

e) Darin stehen Kühe oder Pferde: Stall

f) Ein kleiner Vogel: Spatz

① **Hier haben sich fünf Wörter versteckt. Male jedes Wort farbig an.**

B	S	C	H	U	L	E	K
L	O	N	G	R	A	S	I
Z	A	S	E	I	F	E	S
A	B	U	C	H	V	T	U
Q	S	P	A	P	I	E	R

② **Setze die Wörter von Aufgabe 1 richtig in das Kreuzworträtsel ein.**

1 Damit wasche ich mich.
2 Darin lese ich gerne.
3 Darauf schreibe ich.
4 Da lernen die Kinder.
5 Das wächst auf der Wiese.

1 SEIFE
2 BUCH
3 PAPIER
4 SCHULE
5 GRAS

Das hast du S U P E R gelöst!
(1 2 3 4 5)

Welche Sätze beschreiben welchen Gegenstand? Verbinde jeden Gegenstand mit den passenden Sätzen.

Wir schlafen darin. (Bett)

Die Kleider sind in ihm. (Schrank)

Wir sitzen darauf. (Stuhl)

Er hat Türen. (Schrank)

Der Kochtopf steht darauf. (Herd)

Er hat eine Lehne. (Stuhl)

Es ist weich. (Bett)

Er kann heiß werden. (Herd)

Schrank

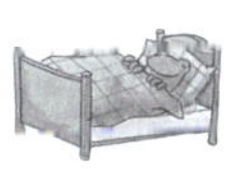
Bett

Stuhl

Herd

Trage die Nummern in die Kästchen richtig ein.

❶ Die  badet im Bach.

❷ Die  fängt die Maus.

❸ Die  frisst den Käse.

❹ Der  krabbelt im Gras.

❺ Die  gibt Milch.

❻ Der  pfeift ein Lied.

❼ Der  nagt am Brot.

❽ Das  legt ein Ei.

❾ Das  steht im Stall.

3	Maus
8	Huhn
9	Pferd
7	Hase
2	Katze
6	Vogel
5	Kuh
1	Ente
4	Käfer

Du hast die Wahl

Welcher Satz passt zum Bild? Kreuze an.

☐ Ein Kind liest im Heft.
☒ Ein Kind schreibt im Heft.

☐ Tom trinkt ein Glas Milch.
☒ Tom gießt Milch in ein Glas.

☒ Ein Mann sitzt auf einer Bank.
☐ Ein Mann steht auf einer Bank.

☐ Zwei Hasen liegen im Korb.
☒ Zwei Hunde liegen im Korb.

☐ Die Frau trägt einen Hut.
☒ Der Mann trägt einen Hut.

☒ Ein Auto parkt vor dem Haus.
☐ Ein Auto parkt unter dem Baum.

Ja oder nein?

Kreuze an, ob die Sätze stimmen.

Maria ist ein Jungenname.	☐ ja	☒ nein
Mit einem Handtuch trockne ich mich ab.	☒ ja	☐ nein
Vögel können zwitschern und pfeifen.	☒ ja	☐ nein
Ein Kuchen wird aus Staub gebacken.	☐ ja	☒ nein
Schnecken sind schnelle Tiere.	☐ ja	☒ nein
Der Wecker sagt mir, wie schwer ich bin.	☐ ja	☒ nein
Der Daumen ist ein Finger.	☒ ja	☐ nein
Elefanten können lesen.	☐ ja	☒ nein
Meine Oma ist jünger als ich.	☐ ja	☒ nein
Socken trägt man auf dem Kopf.	☐ ja	☒ nein

Du musst dich entscheiden

Überlege, was stimmt. Streiche das falsche Wort durch.

- Der Ofen macht das Essen ~~kalt~~ heiß .
- Am 6. Dezember bringt der Nikolaus ~~Osterhase~~ Geschenke.
- Am Abend bin ich müde und gehe ins ~~Boot~~ Bett .
- Jeder Schuh hat eine Sohle ~~Kohle~~ .
- Nach dem Essen bin ich wirklich ~~hungrig~~ satt .
- Auf einer Glatze findet man keine ~~viele~~ Haare.
- Im Bach ~~gießt~~ fließt Wasser.
- Eichhörnchen ~~Eidechsen~~ springen von Ast zu Ast.
- Der ~~Angler~~ Astronaut fliegt mit der Rakete ins All.
- Schriftsteller schreiben gerne ~~Tücher~~ Bücher .

Beruferaten

Verbinde mit dem passenden Beruf.

Er bereitet leckere Gerichte zu.	Goldschmiedin
Sie fertigt Ringe und Ketten an.	Koch
Er kümmert sich in der Schule um Reparaturen.	Lehrer
Sie fliegt Flugzeuge in ferne Länder.	Hausmeister
Er bringt Kindern Lesen und Schreiben bei.	Pilotin
Sie kümmert sich im Zoo um die Tiere.	Maurer
Er baut die Wände für ein Haus.	Taxifahrer
Er bringt Leute mit seinem Auto zu ihrem Ziel.	Clown
Er macht im Zirkus lustige Witze.	Tierpflegerin

Trage die Buchstaben der richtigen Antwort in die Kästchen ein.

❶ Der Nikolaus hat einen weißen …	… Mantel.	E
❷ Der Nikolaus trägt einen roten …	… Schlitten.	Z
❸ Der Nikolaus fährt mit dem …	… Buch.	E
❹ Der Nikolaus liest im goldenen …	… Geschenke.	R
❺ Der Nikolaus hat fleißige …	… Bart.	D
❻ Der Nikolaus schleppt einen schweren …	… Kindern.	E
❼ Der Nikolaus kommt zu den …	… Helfer.	M
❽ Der Nikolaus bringt viele …	… Sack.	B

Wie heißt das Lösungswort?

Streiche den Buchstaben durch, bevor du ihn einsetzt.

Der Nikolaus kommt im

D	E	Z	E	M	B	E	R
❶	❷	❸	❹	❺	❻	❼	❽

Welche Kinder passen zu den Sätzen? Verbinde.

Tim und Tom unterhalten sich.

Lena und Tobias umarmen sich.

Daniel und Nils schauen sich nicht an.

Martin und Lukas winken einander zu.

Nina und Julia streiten sich.

In jedem Satz ist ein Wort zu viel. Streiche es durch.

- Mario ~~trinkt~~ isst ein Brot mit Marmelade.
- Die ~~nass~~ Kinder spielen am Bach.
- In die Klasse kommt die ~~ein~~ neue Lehrerin.
- Wilma hat einen Tennisschläger bekommen ~~Geburtstag~~.
- Auf dem Tisch stehen ~~Tee~~ eine Kanne und eine Tasse.
- Der Biber nagt kräftig an einem ~~Zähne~~ Ast.
- Rosa und Marius gehen zum ~~heute~~ Einkaufen.
- Beim ~~toll~~ Turnen klettert Luis flink das Seil hoch.
- Im Pausenhof toben die ~~schreien~~ Kinder herum.

Dieser Tagesablauf ist durcheinandergeraten.
Ordne nach der Reihenfolge.
Nummeriere dazu die Sätze.

Nummeriere erst mit Bleistift, dann kannst du radieren!

4 Mittags esse ich.

1 Am Morgen stehe ich auf.

7 Vor dem Schlafen putze ich die Zähne.

8 Danach gehe ich ins Bett.

5 Am Nachmittag spiele ich und mache meine Hausaufgaben.

2 Dann frühstücke ich.

3 Vormittags lerne ich in der Schule.

6 Nun nehme ich das Abendessen ein.

Paul

Verbinde die Fragen mit den richtigen Antworten.

Wie groß ist Paul?	Er ist sechs Jahre alt.
Wie alt ist er?	Er ist sehr groß.
Welche Haarfarbe hat er?	Er ist blond.
Wo wohnt er?	Er hilft Oma gerne.
Wen füttert er täglich?	Er wohnt in Oberdorf.
Wem hilft er gerne?	Minka füttert er täglich.
Was isst er am liebsten?	Herr und Frau Meier.
Wer sind seine Eltern?	Sein Freund heißt Tom.
Wie heißt sein Freund?	Er hat einen Hund.
Was spielt er gerne?	Er besucht die 1. Klasse.
Welches Haustier hat er?	Er isst am liebsten Nudeln.
Welche Klasse besucht er?	Er spielt gerne Fußball.

Lukas macht Bananenquark

Ordne die Sätze in der richtigen Reihenfolge.

4 Die Scheiben gibt er in eine Schüssel.

2 Er schält die Banane.

8 Guten Appetit!

7 Jetzt rührt er gut um.

3 Nun schneidet er sie in dünne Scheiben.

6 Auf den Quark streut er etwas Zucker.

1 Lukas nimmt eine Banane aus dem Obstkorb.

5 Danach gibt er drei Esslöffel Quark darüber.

Fast das Gleiche

Welche Sätze haben eine ähnliche Bedeutung?
Male sie in derselben Farbe an.

- Mir gefällt es gut.
- Ich schwitze.
- Mir ist kalt.
- Ich habe Durst.
- Mir ist heiß.
- Es bereitet mir Probleme.
- Ich möchte etwas essen.
- Ich finde es schön.
- Ich möchte etwas trinken.
- Ich möchte schlafen.
- Das ist schwierig.
- Ich friere.
- Ich habe Hunger.
- Das ist leicht.
- Ich bin müde.
- Ich bin glücklich.
- Ich freue mich sehr.
- Das ist einfach.

Verkehrte Welt

Streiche unsinnige Sätze durch.

- ~~Das Flugzeug fährt auf langen Schienen.~~
- Der Hase hoppelt lustig im Garten.
- ~~Die Maus frisst die schwarze Katze.~~
- ~~Die Kuh melkt den netten Bauern.~~
- Die Ampel steht an der Straße.
- ~~Das Auto fährt über das weite Meer.~~
- Der Vogel pfeift ein Lied.
- ~~Die Wiese blüht auf der roten Blume.~~
- ~~Das Schiff fliegt schnell durch die Luft.~~
- Die Ente schwimmt im See.
- ~~Der Mann bellt den Hund an.~~
- Der Käfer krabbelt im nassen Gras.
- ~~Der Zug fährt auf der großen Straße.~~
- ~~Das Brot backt den Bäcker.~~
- Die Geschichte steht im neuen Buch.
- ~~Der Baum hängt am gelben Apfel.~~
- ~~Der Keller ist immer ganz oben.~~

Verbinde richtig.

Der Wärter bringt …	… an der Leine.
Die Wäsche hängt …	… dem Tiger Futter.
Mama kocht …	… eine Gulaschsuppe.
Willi malt …	… den Straßenverkehr.
Der Polizist regelt …	… mit Wasserfarben.
Im See schwimmen …	… viele Enten.
Der Förster beobachtet …	… die Rehe.
Herr Huber gießt …	… am See.
Am Sonntag besuchen …	… seine Blumen.
Herr Grün sonnt sich …	… wir unsere Oma.

Passen die Sätze zusammen oder nicht? Kreuze sinnvolle Satzpaare an.

- [X] Der Fasching beginnt. Die Kinder verkleiden sich.

- [ ] Es ist spät am Abend. Tina geht nun in die Schule.
- [X] Heute findet ein Rennen statt. Das schnellste Auto gewinnt.
- [ ] Die Lampe brennt. Jetzt ist es ganz dunkel im Zimmer.
- [ ] Draußen liegt Schnee. Tom pflückt Rosen im Garten.

- [X] Simon ist gerade aufgestanden. Nun bereitet er das Frühstück zu.

Male die Hexe Zauberfix.

Die Hexe hat eine lange Nase.
Die Hexe trägt einen roten, spitzen Hut.
Die Hexe hat blaue Augen.
Die Hexe hat grüne Haare.
Die Hexe hat ein blaues Kleid mit gelben Sternen an.
Die Hexe hat braune Schuhe an.
Auf jeder Schulter sitzt ein dicker Rabe.
Links neben der Hexe sitzt eine schwarze Katze.

Als was haben sich die Kinder verkleidet? Verbinde.

Ich stamme aus Amerika
und kann gut reiten.
Meine Hautfarbe ist rötlich.
Im Haar trage ich Federn.
Ich lebe in einem Zelt.

Meine Kleider sind nicht sehr schön.
Auf meiner Nase ist eine Warze.
Meine schwarze Katze begleitet mich.
Ich reite auf einem Besen.

Ich trage prachtvolle Gewänder.
Auf meinem Kopf ist eine Krone.
Ich besitze viel Schmuck.
Mein Vater ist der König.

Meine Kleidung ist mir oft zu groß.
Ich mag es gerne bunt.
In meinem Gesicht ist eine rote Nase.
Im Zirkus treibe ich meine Späße
mit dem Publikum.

Malermeister

Zeichne unten im Bild die Dinge ein, die du im Text erliest.

Das Haus hat ein rotes Dach.
Im ersten Stock gibt es zwei Fenster.
Die Tür ist gelb.
Links vom Haus steht ein Baum.
Im Baum hängen fünf rote Äpfel.
Rechts vom Haus steht eine Bank.
Auf der Bank sitzt eine schwarze Katze.
Über das Haus fliegen drei braune Vögel.

Wo bin ich?

Kreuze richtig an.

Hier sind viele Kinder.
Es gibt Bäume und Sträucher.
Man bezahlt Eintritt.
Du siehst Käfige und Gehege.
Eine Menge seltener Tiere leben hier.

- ☒ im Zoo
- ☐ am Strand
- ☐ im Wald

Dort hat man Spaß.
Es gibt oft mehrere Räume.
Kinder und Erwachsene gehen hinein.
Es ist dunkel.
Man kann Filme anschauen.

- ☐ im Bus
- ☒ im Kino
- ☐ in der Schule

Man muss dafür Eintritt zahlen.
Hier sind viele Menschen.
Man muss sich dafür umziehen.
Es gibt oft mehrere Becken.
Ich plansche und tauche dort gerne.

- ☐ im Zirkus
- ☒ im Schwimmbad
- ☐ im Keller

Der Froschkönig

Setze die Wörter richtig ein.

Tier, Hexe, Brunnen, Prinzessin, Kugel, Bett, Hochzeitsfest, Prinz, Teller

Es war einmal eine schöne Prinzessin.

Sie spielte im Garten mit einer goldenen Kugel.

Da fiel ihr das Spielzeug in den tiefen Brunnen.

Ein hässlicher Frosch holte ihr die Kugel wieder herauf.

Als Lohn wollte er dafür von ihrem Teller essen

und in ihrem Bett schlafen.

Weil sich die Königstochter aber vor dem Frosch ekelte,

warf sie das arme Tier gegen die Wand.

Da stand plötzlich ein wunderschöner Prinz vor ihr.

Eine böse Hexe hatte ihn verzaubert.

Der Prinz und die Prinzessin feierten ein großes

Hochzeitsfest.

Schreck am Abend

Wo endet der Satz?
Setze einen roten Punkt am Satzende.

Es ist dunkel. Lena schläft.
Plötzlich hört sie ein Geräusch. Sie hat Angst.
Sie zieht die Bettdecke bis zum Kinn. Ihre Augen werden groß.
Im Zimmer bewegt sich jemand. Ein Schatten taucht auf.
Lena zittert. Nun schaltet sie das Licht an.
Da springt eine Katze auf sie zu. Vor Schreck erstarrt Lena.
Die Katze landet auf Lenas Bett. Das Kind zuckt zusammen.
Jetzt erkennt Lena ihre Katze Minka. Sie muss lachen.

Streiche die Sätze durch, die nicht zum Bild passen.

- Ein Junge steht vor dem Haus.
- ~~Auf dem Rücken trägt er einen Schulranzen.~~
- ~~Er kauft sich eine Cola.~~
- ~~Das Fahrrad lehnt am Baum.~~
- Eine Katze guckt um die Ecke.
- ~~Der Mond steht hoch am Himmel.~~
- ~~Im Baum ist ein kleines Nest.~~
- Auf einem Ast sitzt ein Vogel.
- ~~Vor dem Haus stehen zwei Stühle.~~
- Aus dem Schornstein steigt Rauch auf.
- Zwei Mädchen kommen gerade aus der Schule.

Was stimmt hier nicht? Streiche falsche Sätze durch.

Es ist noch früh am Morgen.
~~Die Kuh liegt vor dem Haus und bellt.~~
~~Das Pferd miaut im Stall.~~
Die Katze fängt gerade eine Maus.
~~Im Schatten liegt der grunzende Hund.~~
~~Das Schaf frisst ein leckeres Schnitzel.~~
Erstaunt sieht ihm der Hahn zu und kräht.
Die Hennen picken Körner vom Boden.
~~Nun fliegt die Ziege auf einen Baum.~~
Dort sitzt bereits ein Vogel und zwitschert ein Lied.
Im Teich schwimmen ein paar Enten.
~~Plötzlich wiehert eine Gans fürchterlich laut.~~
Das Pony erschrickt und galoppiert davon.
Die rosaroten Schweine stört das nicht.
~~Auch die kleinen grauen Mäuse mit ihren langen Beinen bleiben ruhig.~~
Der Bauer stapft mit seinen Gummistiefeln daher und sieht die Gans böse an.
~~Er mag es nicht, wenn die Tiere früh am Morgen schon Trompete spielen.~~

Igel sind interessante Tiere.
Meistens schlafen sie am Tag.
Erst wenn es dunkel wird,
werden sie richtig wach.

Dann gehen sie auf Futtersuche.
Auf ihrem Speisezettel stehen Würmer,
Käfer, Spinnen und Mäuse.
Mit ihren kleinen und spitzen Zähnen knacken Igel
sogar Vogeleier und Schneckenhäuser.
Auch vor kleinen Schlangen machen sie keinen Halt.

Im Herbst fressen sich Igel eine dicke Fettschicht an.
Sobald es Winter wird, bauen sie sich an einem
geschützten Platz ein Nest.
Sie polstern es mit Moos und Blättern weich aus.
In dieser Behausung hält der Igel seinen Winterschlaf.
Nun werden sein Herzschlag und seine Atmung
ganz langsam. Auch seine Körpertemperatur sinkt.
So braucht der Igel weniger Energie.

① **Kreuze richtige Antworten an.**

- ☐ Igel schlafen nachts.
- ☒ Im Herbst fressen sich Igel eine Fettschicht an.
- ☒ Schlangen stehen auf dem Speisezettel des Igels.
- ☒ Igel haben spitze Zähne.
- ☒ Im Winterschlaf schlägt ihr Herz ganz langsam.
- ☐ Ihr Atem geht dann ganz schnell.
- ☒ Igel fressen Vogeleier.
- ☐ Igel polstern sich ihr Nest mit Watte aus.

② **Zu welchem Teil des Textes (Absatz) gehören diese Überschriften? Nummeriere.**

2 Nahrung des Igels

3 Winterschlaf

1 Verdrehtes Leben

Lenas Freund

Lena hat einen guten Freund. Er heißt Poldi.
Er hat grüne Augen und einen Schnurrbart.
Am liebsten spielen die beiden zusammen
mit einem kleinen Stoffball.

Poldi ist ein guter Fänger.
Oft schleicht er sich auf seinen leisen Pfoten
an das Spielzeug heran.
Rasch fährt er seine Krallen aus und schlägt zu.
Er packt den Ball mit seinen scharfen Zähnen
und trägt ihn stolz im Zimmer herum.
Plötzlich lässt er ihn fallen.
Jetzt ist Lena an der Reihe.
Sie schnappt sich den Ball
und rollt ihn unter den Stuhl.

Nach dem Spiel läuft Poldi meist ins Wohnzimmer.
Dort streckt er sich auf dem Sofa aus.
Lena streichelt sein weiches Fell.
Dann fängt das Tier an zu schnurren,
wie ein Rasenmäher.
Wenn er aber seine Ruhe haben will,
springt er auf den Kinderzimmerschrank
und macht es sich dort gemütlich.

1. **Wer ist Lenas Freund?**

   ☐ ein Hund ☐ ein Hase ☐ ein Hamster ☒ ein Kater

2. **Welche Farbe haben Poldis Augen?**

   ☐ blau ☐ rot ☐ schwarz ☒ grün ☐ braun

3. **Womit spielen Lena und Poldi?**

   ☐ Softball ☒ Stoffball ☐ Wollball

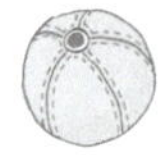

4. **Wo ruht sich Poldi nach dem Spielen gerne aus?**

   ☐ auf der Bank ☒ auf dem Sofa ☐ auf dem Schrank

5. **Wie schnurrt Poldi? Poldi schnurrt wie …**

   ☐ … ein Rosenmäher. ☒ … ein Rasenmäher.
   ☐ … ein Hosenmäher.

6. **Wie schleicht sich Poldi an?**

   ☐ auf leisen Socken ☐ auf leisen Sohlen
   ☒ auf leisen Pfoten ☐ auf leisen Füßen

7. **Was streichelt Lena?**

   ☐ das weiße Fell ☒ das weiche Fell ☐ das wilde Fell

8. **Manche Wörter verraten dir, welches Tier Poldi ist. Unterstreiche im Text mindestens zwei Wörter.**

Wie kommt das Haus auf die Schnecke?

1. Eine Weinbergschnecke gräbt eine kleine Höhle in die Erde. Dort legt sie erbsengroße Eier hinein.

2. Nach etwa drei Wochen schlüpfen winzige Babyschnecken. Jede trägt ein hauchdünnes Häuschen auf ihrem Rücken.

3. Wenn die Schneckenkinder wachsen, werden auch ihre Häuser größer.

4. Nach drei Jahren ist das Wachstum abgeschlossen.

5. Kommt der Winter, verschließt sie den Eingang mit einem dünnen Deckel. So ist die Schnecke geschützt und trocknet nicht aus.

6. Im Frühjahr stößt die Schnecke den Deckel von innen auf und kriecht heraus.

Welche Überschrift passt zu den einzelnen Abschnitten?
Trage die richtigen Nummern ein.
Achtung! Zwei Überschriften sind falsch!
Streiche sie durch.

3 Das Haus wächst mit

___ ~~Die Schnecke frisst sich satt~~

5 Geschützt im Winter

1 Erbsengroße Eier

6 Im Frühjahr

2 Ein hauchdünnes Häuschen

___ ~~Im Herbst~~

4 Die Schnecke ist ausgewachsen

Timo war ein schlechter Fußballspieler.
Er saß meist auf der Ersatzbank und sah den Kindern zu.
Gerne hätte er mitgespielt.
Doch die aus seiner Mannschaft sagten:
„Deine Beine sind nun mal viel zu kurz, Timo!"

Auch heute schaute Timo zu. Es stand zwei zu zwei.
Die Spielzeit betrug nur noch drei Minuten.
Plötzlich flog der Ball in hohem Bogen direkt vor Timos Nase.
Timos Freunde riefen: „Los, Timo, du bist dran!
Spiel mit! Bring den Ball ins Tor!"

Das war Timos Chance! Er sprang auf und rannte zum Ball.
Mit seinen kurzen Beinen konnte er den Ball nicht
vorwärts kicken. Aber er hatte eine Idee:
Schließlich waren Kopfbälle erlaubt!
Also schoss er mit dem Kopf.
Der Ball war jetzt knapp vor dem Tor.
Die Kinder jagten von hinten auf ihn zu.
Vor ihm stand der Torwart. Timo wagte noch einen Kopfball.
Und siehe da: Der Ball landete im Tor!
Seine Mannschaft jubelte. Sie hoben ihn hoch
und strichen ihm über das Fell.
„Timo, du bist spitze!", riefen die Kinder.
Glücklich bellte Timo und schleckte den Ball ab.

1 **Ergänze die Sätze richtig.**

Timo ist kein Mensch, sondern ein Hund.

Er kann nicht gut Fußball spielen, weil seine Beine zu kurz sind.

Kurz vor Spielende flog der Ball direkt vor Timos Nase.

Timo schoss den Ball mit dem Kopf ins Tor.

Seine Mannschaft jubelte und streichelte Timo das Fell.

2 **Was rufen die Kinder genau so?**
Vergleiche mit dem Text. Streiche Sätze durch, die nicht genau so im Text stehen.

- ~~„Deine Beine sind viel zu kurz geraten, Timo!"~~
- „Timo, du bist spitze!"
- ~~„Los, Timo, du bist jetzt dran!~~

Hilda hat Geburtstag. Alle ihre Freundinnen und Freunde
sind gekommen: Tom, Anna, Marcel und Carolin.
Nun wollen ihr die Gäste gratulieren.
Sie plappern alle gleichzeitig los.
Deshalb hört sich der Geburtstagswunsch so an:
„Alles zum sollst du bleiben!"
Das ist aber ein komischer Geburtstagswunsch,
denkt sich Hilda.

Sie bittet die Kinder, ihre Glückwünsche zu wiederholen.
Aber es reden wieder alle durcheinander.
Hilda versteht: **„Hoch du gesund Geburtstag!"**
„Wie bitte?", fragt sie.

„Ich Gute gratuliere leben!", hört Hilda diesmal. Hilda lacht.
Bei einem weiteren Versuch der Kinder versteht sie:
„Bleib dir herzlich!"
Was sind denn das für seltsame Geburtstagswünsche?
„Moment mal", sagt Hilda. „So geht das nicht!
Damit ich euch verstehe, müssen wir das anders machen!"
Hilda stellt die Kinder in einer Reihe auf.
Dann macht sie einen Vorschlag, was die Kinder tun sollen.
Nun klappt es. Hilda hat alle Geburtstagswünsche verstanden
und freut sich darüber.

1 **Was hat Hilda den Kindern vorgeschlagen? Kreuze an.**

- ☐ Sagt alle zugleich eure Glückwünsche.
- ☒ Sagt mir eure Glückwünsche nacheinander.
- ☐ Sprecht nicht so laut, damit ich euch verstehe.

2 **Wie heißen Hildas Freunde? Unterstreiche.**

<u>Tom</u> Gerd <u>Anna</u> Anni <u>Marcel</u> Markus <u>Carolin</u>

3 **Warum verstand Hilda die Glückwünsche ihrer Gäste nicht? Kreuze an.**

- ☐ Hilda konnte nicht gut hören.
- ☐ Die Gäste redeten so leise.
- ☒ Alle Kinder redeten gleichzeitig.

4 **Wie lauteten die Glückwünsche der Kinder?**
Ein Glückwunsch ist falsch. Streiche ihn durch.

- „Alles Gute zum Geburtstag!"
- „Hoch sollst du leben!"
- „Ich gratuliere dir herzlich!"
- ~~„Eine Menge Glück!"~~
- „Bleib gesund!"

Male die Autos in der richtigen Farbe an.
Wo ist Frau Müllers Auto? Kreise es ein.

Frau Müller steht an der Ampel.
Fünf Autos warten an der Ampel.
Frau Müllers Auto ist blau.
Vor ihrem Wagen steht ein rotes Auto.
Hinter ihrem Wagen sieht man ein grünes Auto.
Nach dem grünen Auto kommt ein lila Auto.
Vor dem roten Auto befindet sich ein gelbes Auto.

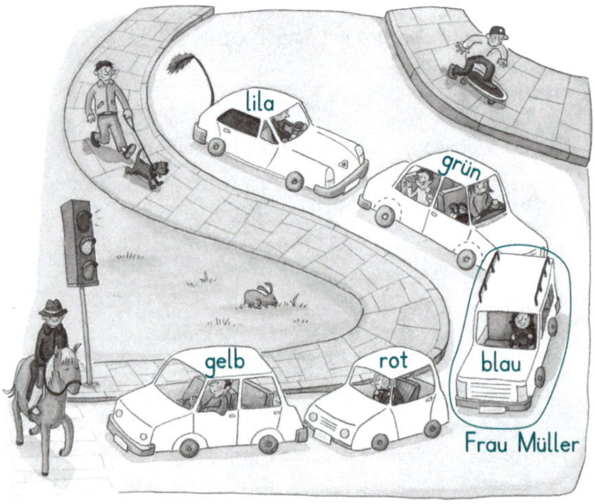

Kreuze an, ob die Sätze stimmen.

Maria ist ein Jungenname. ☐ ja ☐ nein

Mit einem Handtuch trockne ich mich ab. ☐ ja ☐ nein

Vögel können zwitschern und pfeifen. ☐ ja ☐ nein

Ein Kuchen wird aus Staub gebacken. ☐ ja ☐ nein

Schnecken sind schnelle Tiere. ☐ ja ☐ nein

Der Wecker sagt mir, wie schwer ich bin. ☐ ja ☐ nein

Der Daumen ist ein Finger. ☐ ja ☐ nein

Elefanten können lesen. ☐ ja ☐ nein

Meine Oma ist jünger als ich. ☐ ja ☐ nein

Socken trägt man auf dem Kopf. ☐ ja ☐ nein

Überlege, was stimmt. Streiche das falsche Wort durch.

- Der Ofen macht das Essen kalt heiß .
- Am 6. Dezember bringt der Nikolaus Osterhase Geschenke.
- Am Abend bin ich müde und gehe ins Boot Bett .

- Jeder Schuh hat eine Sohle Kohle .
- Nach dem Essen bin ich wirklich hungrig satt .
- Auf einer Glatze findet man keine viele Haare.
- Im Bach gießt fließt Wasser.
- Eichhörnchen Eidechsen springen von Ast zu Ast.
- Der Angler Astronaut fliegt mit der Rakete ins All.
- Schriftsteller schreiben gerne Tücher Bücher .

Verbinde mit dem passenden Beruf.

Er bereitet leckere Gerichte zu.

Sie fertigt Ringe und Ketten an.

Er kümmert sich in der Schule um Reparaturen.

Sie fliegt Flugzeuge in ferne Länder.

Er bringt Kindern Lesen und Schreiben bei.

Sie kümmert sich im Zoo um die Tiere.

Er baut die Wände für ein Haus.

Er bringt Leute mit seinem Auto zu ihrem Ziel.

Er macht im Zirkus lustige Witze.

Goldschmiedin

Koch

Lehrer

Hausmeister

Pilotin

Maurer

Taxifahrer

Clown

Tierpflegerin

Trage die Buchstaben der richtigen Antwort in die Kästchen ein.

1 Der Nikolaus hat einen weißen …	… Mantel.	E
2 Der Nikolaus trägt einen roten …	… Schlitten.	Z
3 Der Nikolaus fährt mit dem …	… Buch.	E
4 Der Nikolaus liest im goldenen …	… Geschenke.	R
5 Der Nikolaus hat fleißige …	… Bart.	D
6 Der Nikolaus schleppt einen schweren …	… Kindern.	E
7 Der Nikolaus kommt zu den …	… Helfer.	M
8 Der Nikolaus bringt viele …	… Sack.	B

Wie heißt das Lösungswort?

Der Nikolaus kommt im

1	2	3	4	5	6	7	8

Streiche den Buchstaben durch, bevor du ihn einsetzt.

Welche Kinder passen zu den Sätzen? Verbinde.

Tim und Tom unterhalten sich.

Lena und Tobias umarmen sich.

Daniel und Nils schauen sich nicht an.

Martin und Lukas winken einander zu.

Nina und Julia streiten sich.

In jedem Satz ist ein Wort zu viel. Streiche es durch.

- Mario trinkt isst ein Brot mit Marmelade.
- Die nass Kinder spielen am Bach.
- In die Klasse kommt die ein neue Lehrerin.
- Wilma hat einen Tennisschläger bekommen Geburtstag.
- Auf dem Tisch stehen Tee eine Kanne und eine Tasse.
- Der Biber nagt kräftig an einem Zähne Ast.
- Rosa und Marius gehen zum heute Einkaufen.
- Beim toll Turnen klettert Luis flink das Seil hoch.
- Im Pausenhof toben die schreien Kinder herum.

Dieser Tagesablauf ist durcheinandergeraten.
Ordne nach der Reihenfolge.
Nummeriere dazu die Sätze.

____ Mittags esse ich.

____ Am Morgen stehe ich auf.

____ Vor dem Schlafen putze ich die Zähne.

____ Danach gehe ich ins Bett.

____ Am Nachmittag spiele ich und mache meine Hausaufgaben.

____ Dann frühstücke ich.

____ Vormittags lerne ich in der Schule.

____ Nun nehme ich das Abendessen ein.

Verbinde die Fragen mit den richtigen Antworten.

Wie groß ist Paul?	Er ist sechs Jahre alt.
Wie alt ist er?	Er ist sehr groß.
Welche Haarfarbe hat er?	Er ist blond.
Wo wohnt er?	Er hilft Oma gerne.
Wen füttert er täglich?	Er wohnt in Oberdorf.
Wem hilft er gerne?	Minka füttert er täglich.
Was isst er am liebsten?	Herr und Frau Meier.
Wer sind seine Eltern?	Sein Freund heißt Tom.
Wie heißt sein Freund?	Er hat einen Hund.
Was spielt er gerne?	Er besucht die 1. Klasse.
Welches Haustier hat er?	Er isst am liebsten Nudeln.
Welche Klasse besucht er?	Er spielt gerne Fußball.

Ordne die Sätze in der richtigen Reihenfolge.

____ Die Scheiben gibt er in eine Schüssel.

____ Er schält die Banane.

____ Guten Appetit!

____ Jetzt rührt er gut um.

____ Nun schneidet er sie in dünne Scheiben.

____ Auf den Quark streut er etwas Zucker.

____ Lukas nimmt eine Banane aus dem Obstkorb.

____ Danach gibt er drei Esslöffel Quark darüber.

Welche Sätze haben eine ähnliche Bedeutung?
Male sie in derselben Farbe an.

Mir gefällt es gut.

Mir ist kalt.

Mir ist heiß.

Ich möchte etwas essen.

Ich möchte etwas trinken.

Das ist schwierig.

Das ist leicht.

Ich bin müde.

Ich freue mich sehr.

Ich schwitze.

Ich habe Durst.

Es bereitet mir Probleme.

Ich finde es schön.

Ich möchte schlafen.

Ich friere.

Ich habe Hunger.

Ich bin glücklich.

Das ist einfach.

Streiche unsinnige Sätze durch.

- Das Flugzeug fährt auf langen Schienen.
- Der Hase hoppelt lustig im Garten.
- Die Maus frisst die schwarze Katze.
- Die Kuh melkt den netten Bauern.
- Die Ampel steht an der Straße.
- Das Auto fährt über das weite Meer.
- Der Vogel pfeift ein Lied.
- Die Wiese blüht auf der roten Blume.
- Das Schiff fliegt schnell durch die Luft.
- Die Ente schwimmt im See.
- Der Mann bellt den Hund an.
- Der Käfer krabbelt im nassen Gras.
- Der Zug fährt auf der großen Straße.
- Das Brot backt den Bäcker.
- Die Geschichte steht im neuen Buch.
- Der Baum hängt am gelben Apfel.
- Der Keller ist immer ganz oben.

Verbinde richtig.

Der Wärter bringt …	… an der Leine.
Die Wäsche hängt …	… dem Tiger Futter.
Mama kocht …	… eine Gulaschsuppe.
Willi malt …	… den Straßenverkehr.
Der Polizist regelt …	… mit Wasserfarben.
Im See schwimmen …	… viele Enten.
Der Förster beobachtet …	… die Rehe.
Herr Huber gießt …	… am See.
Am Sonntag besuchen …	… seine Blumen.
Herr Grün sonnt sich …	… wir unsere Oma.

Passen die Sätze zusammen oder nicht?
Kreuze sinnvolle Satzpaare an.

☐ Der Fasching beginnt.
Die Kinder verkleiden sich.

☐ Es ist spät am Abend.
Tina geht nun in die Schule.

☐ Heute findet ein Rennen statt.
Das schnellste Auto gewinnt.

☐ Die Lampe brennt.
Jetzt ist es ganz dunkel im Zimmer.

☐ Draußen liegt Schnee.
Tom pflückt Rosen im Garten.

☐ Simon ist gerade aufgestanden.
Nun bereitet er das Frühstück zu.

Male die Hexe Zauberfix.

Die Hexe hat eine lange Nase.
Die Hexe trägt einen roten, spitzen Hut.
Die Hexe hat blaue Augen.
Die Hexe hat grüne Haare.
Die Hexe hat ein blaues Kleid mit gelben Sternen an.
Die Hexe hat braune Schuhe an.
Auf jeder Schulter sitzt ein dicker Rabe.
Links neben der Hexe sitzt eine schwarze Katze.

Als was haben sich die Kinder verkleidet? Verbinde.

Ich stamme aus Amerika
und kann gut reiten.
Meine Hautfarbe ist rötlich.
Im Haar trage ich Federn.
Ich lebe in einem Zelt.

Meine Kleider sind nicht sehr schön.
Auf meiner Nase ist eine Warze.
Meine schwarze Katze begleitet mich.
Ich reite auf einem Besen.

Ich trage prachtvolle Gewänder.
Auf meinem Kopf ist eine Krone.
Ich besitze viel Schmuck.
Mein Vater ist der König.

Meine Kleidung ist mir oft zu groß.
Ich mag es gerne bunt.
In meinem Gesicht ist eine rote Nase.
Im Zirkus treibe ich meine Späße
mit dem Publikum.

Zeichne unten im Bild die Dinge ein, die du im Text erliest.

Das Haus hat ein rotes Dach.
Im ersten Stock gibt es zwei Fenster.
Die Tür ist gelb.
Links vom Haus steht ein Baum.
Im Baum hängen fünf rote Äpfel.
Rechts vom Haus steht eine Bank.
Auf der Bank sitzt eine schwarze Katze.
Über das Haus fliegen drei braune Vögel.

Kreuze richtig an.

Hier sind viele Kinder.
Es gibt Bäume und Sträucher.
Man bezahlt Eintritt.
Du siehst Käfige und Gehege.
Eine Menge seltener Tiere leben hier.

☐ im Zoo
☐ am Strand
☐ im Wald

Dort hat man Spaß.
Es gibt oft mehrere Räume.
Kinder und Erwachsene gehen hinein.
Es ist dunkel.
Man kann Filme anschauen.

☐ im Bus
☐ im Kino
☐ in der Schule

Man muss dafür Eintritt zahlen.
Hier sind viele Menschen.
Man muss sich dafür umziehen.
Es gibt oft mehrere Becken.
Ich plansche und tauche dort gerne.

☐ im Zirkus
☐ im Schwimmbad
☐ im Keller

Setze die Wörter richtig ein.

Bett Hochzeitsfest Prinz Teller Tier Hexe Brunnen Prinzessin Kugel

Es war einmal eine schöne ____________.

Sie spielte im Garten mit einer goldenen Kugel.

Da fiel ihr das Spielzeug in den tiefen ____________.

Ein hässlicher Frosch holte ihr die ____________ wieder herauf.

Als Lohn wollte er dafür von ihrem ____________ essen

und in ihrem ____________ schlafen.

Weil sich die Königstochter aber vor dem Frosch ekelte,

warf sie das arme ____________ gegen die Wand.

Da stand plötzlich ein wunderschöner ____________ vor ihr.

Eine böse ____________ hatte ihn verzaubert.

Der Prinz und die Prinzessin feierten ein großes

____________.

Wo endet der Satz?
Setze einen roten Punkt am Satzende.

Es ist dunkel Lena schläft
Plötzlich hört sie ein Geräusch Sie hat Angst
Sie zieht die Bettdecke bis zum Kinn Ihre Augen werden groß
Im Zimmer bewegt sich jemand Ein Schatten taucht auf
Lena zittert Nun schaltet sie das Licht an
Da springt eine Katze auf sie zu Vor Schreck erstarrt Lena
Die Katze landet auf Lenas Bett Das Kind zuckt zusammen
Jetzt erkennt Lena ihre Katze Minka Sie muss lachen

Streiche die Sätze durch, die nicht zum Bild passen.

- Ein Junge steht vor dem Haus.
- Auf dem Rücken trägt er einen Schulranzen.
- Er kauft sich eine Cola.
- Das Fahrrad lehnt am Baum.
- Eine Katze guckt um die Ecke.
- Der Mond steht hoch am Himmel.
- Im Baum ist ein kleines Nest.
- Auf einem Ast sitzt ein Vogel.
- Vor dem Haus stehen zwei Stühle.
- Aus dem Schornstein steigt Rauch auf.
- Zwei Mädchen kommen gerade aus der Schule.

Was stimmt hier nicht? Streiche falsche Sätze durch.

Es ist noch früh am Morgen.

Die Kuh liegt vor dem Haus und bellt.

Das Pferd miaut im Stall.

Die Katze fängt gerade eine Maus.

Im Schatten liegt der grunzende Hund.

Das Schaf frisst ein leckeres Schnitzel.

Erstaunt sieht ihm der Hahn zu und kräht.

Die Hennen picken Körner vom Boden.

Nun fliegt die Ziege auf einen Baum.

Dort sitzt bereits ein Vogel und zwitschert ein Lied.

Im Teich schwimmen ein paar Enten.

Plötzlich wiehert eine Gans fürchterlich laut.

Das Pony erschrickt und galoppiert davon.

Die rosaroten Schweine stört das nicht.

Auch die kleinen grauen Mäuse mit ihren langen Beinen bleiben ruhig.

Der Bauer stapft mit seinen Gummistiefeln daher und sieht die Gans böse an.

Er mag es nicht, wenn die Tiere früh am Morgen schon Trompete spielen.

Der Igel

1 Igel sind interessante Tiere.
Meistens schlafen sie am Tag.
Erst wenn es dunkel wird,
werden sie richtig wach.

2 Dann gehen sie auf Futtersuche.
Auf ihrem Speisezettel stehen Würmer,
Käfer, Spinnen und Mäuse.
Mit ihren kleinen und spitzen Zähnen knacken Igel
sogar Vogeleier und Schneckenhäuser.
Auch vor kleinen Schlangen machen sie keinen Halt.

3 Im Herbst fressen sich Igel eine dicke Fettschicht an.
Sobald es Winter wird, bauen sie sich an einem
geschützten Platz ein Nest.
Sie polstern es mit Moos und Blättern weich aus.
In dieser Behausung hält der Igel seinen Winterschlaf.
Nun werden sein Herzschlag und seine Atmung
ganz langsam. Auch seine Körpertemperatur sinkt.
So braucht der Igel weniger Energie.

① **Kreuze richtige Antworten an.**

- ☐ Igel schlafen nachts.
- ☐ Im Herbst fressen sich Igel eine Fettschicht an.
- ☐ Schlangen stehen auf dem Speisezettel des Igels.
- ☐ Igel haben spitze Zähne.
- ☐ Im Winterschlaf schlägt ihr Herz ganz langsam.
- ☐ Ihr Atem geht dann ganz schnell.
- ☐ Igel fressen Vogeleier.
- ☐ Igel polstern sich ihr Nest mit Watte aus.

② **Zu welchem Teil des Textes (Absatz) gehören diese Überschriften? Nummeriere.**

____ Nahrung des Igels

____ Winterschlaf

____ Verdrehtes Leben

Lena hat einen guten Freund. Er heißt Poldi.
Er hat grüne Augen und einen Schnurrbart.
Am liebsten spielen die beiden zusammen
mit einem kleinen Stoffball.

Poldi ist ein guter Fänger.
Oft schleicht er sich auf seinen leisen Pfoten
an das Spielzeug heran.
Rasch fährt er seine Krallen aus und schlägt zu.
Er packt den Ball mit seinen scharfen Zähnen
und trägt ihn stolz im Zimmer herum.
Plötzlich lässt er ihn fallen.
Jetzt ist Lena an der Reihe.
Sie schnappt sich den Ball
und rollt ihn unter den Stuhl.

Nach dem Spiel läuft Poldi meist ins Wohnzimmer.
Dort streckt er sich auf dem Sofa aus.
Lena streichelt sein weiches Fell.
Dann fängt das Tier an zu schnurren,
wie ein Rasenmäher.
Wenn er aber seine Ruhe haben will,
springt er auf den Kinderzimmerschrank
und macht es sich dort gemütlich.

① **Wer ist Lenas Freund?**

☐ ein Hund ☐ ein Hase ☐ ein Hamster ☐ ein Kater

② **Welche Farbe haben Poldis Augen?**

☐ blau ☐ rot ☐ schwarz ☐ grün ☐ braun

③ **Womit spielen Lena und Poldi?**

☐ Softball ☐ Stoffball ☐ Wollball

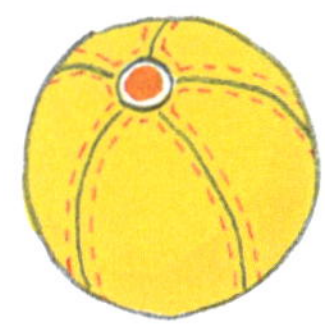

④ **Wo ruht sich Poldi nach dem Spielen gerne aus?**

☐ auf der Bank ☐ auf dem Sofa ☐ auf dem Schrank

⑤ **Wie schnurrt Poldi? Poldi schnurrt wie …**

☐ … ein Rosenmäher. ☐ … ein Rasenmäher.
☐ … ein Hosenmäher.

⑥ **Wie schleicht sich Poldi an?**

☐ auf leisen Socken ☐ auf leisen Sohlen
☐ auf leisen Pfoten ☐ auf leisen Füßen

⑦ **Was streichelt Lena?**

☐ das weiße Fell ☐ das weiche Fell ☐ das wilde Fell

8 Manche Wörter verraten dir, welches Tier Poldi ist.
Unterstreiche im Text mindestens zwei Wörter.

Wie kommt das Haus auf die Schnecke?

1 Eine Weinbergschnecke gräbt
eine kleine Höhle in die Erde.
Dort legt sie erbsengroße Eier hinein.

2 Nach etwa drei Wochen schlüpfen
winzige Babyschnecken.
Jede trägt ein hauchdünnes Häuschen
auf ihrem Rücken.

3 Wenn die Schneckenkinder wachsen,
werden auch ihre Häuser größer.

4 Nach drei Jahren ist das Wachstum
abgeschlossen.

5 Kommt der Winter, verschließt sie
den Eingang mit einem dünnen Deckel.
So ist die Schnecke geschützt
und trocknet nicht aus.

6 Im Frühjahr stößt die Schnecke
den Deckel von innen auf
und kriecht heraus.

Welche Überschrift passt zu den einzelnen Abschnitten?
Trage die richtigen Nummern ein.
Achtung! Zwei Überschriften sind falsch!
Streiche sie durch.

____ Das Haus wächst mit

____ Die Schnecke frisst sich satt

____ Geschützt im Winter

____ Erbsengroße Eier

____ Im Frühjahr

____ Ein hauchdünnes Häuschen

____ Im Herbst

____ Die Schnecke ist ausgewachsen

Timo war ein schlechter Fußballspieler.
Er saß meist auf der Ersatzbank und sah den Kindern zu.
Gerne hätte er mitgespielt.
Doch die aus seiner Mannschaft sagten:
„Deine Beine sind nun mal viel zu kurz, Timo!"

Auch heute schaute Timo zu. Es stand zwei zu zwei.
Die Spielzeit betrug nur noch drei Minuten.
Plötzlich flog der Ball in hohem Bogen direkt vor Timos Nase.
Timos Freunde riefen: „Los, Timo, du bist dran!
Spiel mit! Bring den Ball ins Tor!"

Das war Timos Chance! Er sprang auf und rannte zum Ball.
Mit seinen kurzen Beinen konnte er den Ball nicht
vorwärts kicken. Aber er hatte eine Idee:
Schließlich waren Kopfbälle erlaubt!
Also schoss er mit dem Kopf.
Der Ball war jetzt knapp vor dem Tor.

Die Kinder jagten von hinten auf ihn zu.
Vor ihm stand der Torwart. Timo wagte noch einen Kopfball.
Und siehe da: Der Ball landete im Tor!
Seine Mannschaft jubelte. Sie hoben ihn hoch
und strichen ihm über das Fell.
„Timo, du bist spitze!", riefen die Kinder.
Glücklich bellte Timo und schleckte den Ball ab.

① **Ergänze die Sätze richtig.**

Timo ist kein Mensch, sondern ein ______.

Er kann nicht gut Fußball spielen, weil seine Beine

zu ______ sind.

Kurz vor Spielende flog der Ball direkt

vor Timos ______.

Timo schoss den Ball mit dem ______

ins Tor.

Seine Mannschaft jubelte und streichelte Timo

das ______.

2 Was rufen die Kinder genau so?
Vergleiche mit dem Text. Streiche Sätze durch, die nicht genau so im Text stehen.

- „Deine Beine sind viel zu kurz geraten, Timo!“
- „Timo, du bist spitze!“
- „Los, Timo, du bist jetzt dran!

Hilda hat Geburtstag. Alle ihre Freundinnen und Freunde sind gekommen: Tom, Anna, Marcel und Carolin.
Nun wollen ihr die Gäste gratulieren.
Sie plappern alle gleichzeitig los.
Deshalb hört sich der Geburtstagswunsch so an:

„Alles zum sollst du bleiben!“
Das ist aber ein komischer Geburtstagswunsch, denkt sich Hilda.

Sie bittet die Kinder, ihre Glückwünsche zu wiederholen.
Aber es reden wieder alle durcheinander.
Hilda versteht: **„Hoch du gesund Geburtstag**!“
„Wie bitte?“, fragt sie.
„Ich Gute gratuliere leben!“, hört Hilda diesmal. Hilda lacht.
Bei einem weiteren Versuch der Kinder versteht sie:
„Bleib dir herzlich!“
Was sind denn das für seltsame Geburtstagswünsche?
„Moment mal“, sagt Hilda, „So geht das nicht!
Damit ich euch verstehe, müssen wir das anders machen!“
Hilda stellt die Kinder in einer Reihe auf.
Dann macht sie einen Vorschlag, was die Kinder tun sollen.
Nun klappt es. Hilda hat alle Geburtstagswünsche verstanden und freut sich darüber.

① **Was hat Hilda den Kindern vorgeschlagen? Kreuze an.**

- ☐ Sagt alle zugleich eure Glückwünsche.
- ☐ Sagt mir eure Glückwünsche nacheinander.
- ☐ Sprecht nicht so laut, damit ich euch verstehe.

② **Wie heißen Hildas Freunde? Unterstreiche.**

Tom Gerd Anna Anni Marcel Markus Carolin

③ **Warum verstand Hilda die Glückwünsche ihrer Gäste nicht? Kreuze an.**

- ☐ Hilda konnte nicht gut hören.
- ☐ Die Gäste redeten so leise.
- ☐ Alle Kinder redeten gleichzeitig.

4 Wie lauteten die Glückwünsche der Kinder? Ein Glückwunsch ist falsch. Streiche ihn durch.

- „Alles Gute zum Geburtstag!“
- „Hoch sollst du leben!“
- „Ich gratuliere dir herzlich!“
- „Eine Menge Glück!“
- „Bleib gesund!“

Male die Autos in der richtigen Farbe an.
Wo ist Frau Müllers Auto? Kreise es ein.

Frau Müller steht an der Ampel.
Fünf Autos warten an der Ampel.
Frau Müllers Auto ist blau.
Vor ihrem Wagen steht ein rotes Auto.
Hinter ihrem Wagen sieht man ein grünes Auto.
Nach dem grünen Auto kommt ein lila Auto.
Vor dem roten Auto befindet sich ein gelbes Auto.